自分で自分の運命をひらく
タロット Book

LUA

JN080461

三笠書房

PROLOGUE

どんなときでも、どんなことでも、
「答え」はあなた自身の中にあります。
本書の78枚のカードと向き合うことで、
その意味がわかってくるでしょう。

いつも迷って決められない。
人のことが気になって、自分の思うようにできない。
自由にしたいはずなのに、好きにしていいと言われる
と、逆にどうしていいかわからなくなってしまう……。
正しい答えが知りたい、必ず幸せになる選択をしたい、
絶対に失敗したくない。でも、誰かがそれに答えを出して
くれたからといって、本当に幸せになれるのでしょうか。

人生に悩みや迷いはつきものですが、そこで誰かに判
断をゆだね、自分で考えることをやめてしまうと、負の
感情に振り回されるようになります。

試しに、今自分は悩んでいるのではなく、考えている
のだと思ってみてください。それだけで気持ちがラクに

なりませんか？ 「悩みや迷い」を「解決すべき課題」と思うだけで、物事に対する受け止め方や人生への向き合い方が変わってくるのです。

この本は、タロットのメッセージをヒントに、あなた自身の考えをみちびくことを目的につくりました。タロットのメッセージと LUA の日々の考察を合わせてまとめています。

納得がいくメッセージもあれば、意味をどうとらえていいのかわからないものもあるでしょう。

タロットが語りかけるメッセージは無限にありますが、そこから何を受け取るかは人によって違います。あなたにとっての最善の答えは、あなた自身の中にあり、あなたにしかみちびき出せないものです。

開いたページのメッセージを考えるフックにして、あなた自身の「答え」を見つけてください。

そして、この本をいつでもそばに置いて、日々考えを巡らせてください。

考え方が身につけば、いいことも悪いことも、自分のこれからの人生に起こる出来事すべてに、つながりがあ

ることがわかるようになるでしょう。

　すると、何の変哲もないと思われた日常が豊かに感じられるようになります。いつもと同じことをしていても、そこに新しい発見が生まれるようになるからです。

　発見は身近なところにあります。思考をスイッチすることで、いくらでも見つけられるようになるのです。同じテーマでも、昨日までは思いつかなかったアイデアが浮かび、進化した自分に気づくこともあるでしょう。

　ひらめきや新しい発見をもたらすセンスと、幸せをつかむセンス、この２つはとてもよく似ています。思考をスイッチすれば、ものの見方が変わり、幸せや幸運を発見できるからです。どこにどう目をつけていくかで、人生は大きく変わっていくのです。

　あなたの人生を豊かにできるのは、あなたしかいません。あなたを幸せにできるのは、あなただけです。
　多くの方々の喜びの発見のために、本書をお役立ていただけましたら幸甚に存じます。

Contents

カードのメッセージを受け取ったあなたへ

タロットについて

　タロットカードの絵柄にはミステリアスな雰囲気があります。「タロット＝占い」というイメージがある人も多いと思いますが、じつはもともとタロットカードは、ヨーロッパの貴族がゲームに使う“プレイイングカード”でした。占いに用いられるようになったのは、オカルトブームが到来した18世紀後半からといわれています。

　タロットは、それぞれが意味を持つ寓意画として描かれています。寓意とは、抽象的な概念や思想を具象化し、暗示する表現方法のこと。たとえば「11 正義」のカードでは、正邪をはかる天秤が正義の象徴として描かれていますが、具象が別のものを語る寓意画なのです。

　暗示されたメッセージですから、見る者の心しだいでその受け取り方はさまざまに変わってきます。

　タロットの占い方はシンプルです。タロットの中から偶然に出たカードを読み解くだけ。「タロット占い」では、個々のカードの寓意と、そこに秘められた意味を読み解いて答えをみちびくのです。

タロットの歴史

　タロットカードの起源は諸説ありますが、有力なのはヨーロッパで、13世紀に生まれたマムルークカードがそのはじまりといわれています。古くから伝わるタロットですが、記述として残されるのは18世紀後半。マルセイユ版タロットという古典的なタロットが生まれた時代です。

　貴族がプレイイングカードとして使ったタロットが、18世紀後半のオカルトブームの中で霊的な存在感を増し、そこからいつしか現代のような占いの道具として広まっていったのです。

ウエイト＝スミス・タロット

　本書掲載のタロットは、ウエイト＝スミス・タロットというカードです。アーサー・エドワード・ウエイトがパメラ・コールマン・スミスに描かせ、1909年にロンドンのライダー社から出版されました。ライダー版、ウエイト版などとも呼ばれています。

　魔術的・宗教的な象徴が散りばめられた、オカルト要素の強いデザインです。出版から100年以上の時を経た今も、世界中のタロットファンを魅了しています。

タロットカードの構成

タロットカードは全部で78枚。大アルカナと呼ばれる22枚と、小アルカナと呼ばれる56枚で構成されています。

大アルカナは「1 魔術師」「17 星」「20 審判」など、人物や自然、抽象的な概念などが描かれ、小アルカナはエースから10の数を示すカード10枚と、宮廷の人物が描かれたカード4枚が一組となり、4つのスートで構成されます。

4つのスートは、トランプの原型といわれ、西洋で万物を意味する火・地・風・水の4つのエレメントに対応しています。

[宮廷の人物]

| ペイジ | ナイト | クイーン | キング |

スート	トランプ	エレメント
ワンド	クラブ♣	火
ペンタクル	ダイヤ♦	地
ソード	スペード♠	風
カップ	ハート♥	水

本書の使い方

　基本的な使い方はとてもシンプル。パッと本を開いて、そのページにあるカードのメッセージに向き合うだけです。偶然に開いたページを見て占う「書物占い（ビブリオマンシー）」と似ていますが、メッセージを占いとして受け止めるのではなく、ヒントとして向き合って、自（みずか）らの考えを深めることが本書の使い方のポイントになります。

〜ただメッセージを受け止めるのではなく、
自分で向き合って考える〜

　開いたページのメッセージが、気にしていたことに当てはまることもあれば、一見何の関係もないような、意味がわからないものもあるかもしれません。完全には理解できなかったとしても、読み取ろうと考えるうちに、今自分が抱えている問題や、盲点になっていたことに気づいたりするでしょう。あなたの未来を変えるヒントはそこにあります。

　本書は、思いついたときにいつ開いてもかまいません。

毎朝、週イチ、月イチなど、決まったタイミングで手に取るのもいいでしょう。特別に悩みがなかったとしても、何気なく開いたページから、心のモヤモヤを取り払うヒントを得られるかもしれません。

　迷っているときや考えが浮かばないとき、辛いことや悲しいことがあって心を落ち着けたいとき、気分が浮わついているとき、叶えたい夢があるときなどにも、考え方のヒントとして、本書のメッセージが役立つでしょう。

　また、メッセージに対して、「なるほど」と思うこともあれば、「それはどうかな」と別の考えを巡らせることもあるかもしれません。これは、メッセージがフックとなって、別の考えを引き出し、新しい気づきをもたらす瞬間です。

　タロットの答えは無限に広がります。寓意画に示された暗示が、多くの意味を引き出してくれるからです。

　正しいか誤りか。意見が合うか合わないか。そういったことだけで視野を狭めてしまうと、思考停止を招いてしまいます。自由に価値観を広げて、自らの考えを深めていきましょう。

こうして、本書をくり返し開いて考えることで、直観が働くようになります。悩みや問題の整理がうまくなり、どんなに厳しい現状を前にしても、物事を冷静に受け止められるようになるからです。

　本書のメッセージは、あなたの置かれている環境、状況、心の状態によって、響く部分も変わります。だからこそ、ページを開くたびに新しい気づきがあり、ひらめきが増えていくようになるのです。

　さあ、「悩んでいる自分」から解放され、「解決できる自分」に変わっていきましょう。
　考えることを習慣化すると、自分の価値観が確実に育まれ、あなたの中にあなた自身の哲学が生まれます。世の中にあふれる虚々実々の情報やＳＮＳにも振り回されなくなるでしょう。揺るぎないあなたになれるのです。

　これまでは何も思わず、関心を持たなかったことに興味を持ちはじめたり、反対に、ずっとこだわり続けてきたことを手放すこともあるでしょう。これは、考えが深まることで、物事への向き合い方が変わった証拠。あなたが進化して、納得の人生を歩み出したからです。

タロット索引

　出たタロットカードのメッセージをもう一度確かめたいときは、巻末の「タロット索引」で、ページを探してご覧ください。

　タロットカードをお持ちの人であれば、実際にカードを引いて、出たカードのページをご覧いただくこともできます。

　また、離れている相手にページを選んでもらい、出たメッセージを贈ることもできます。この場合、相手に、16 から 327 までの数の中で、思いついた番号を教えてもらいます。気になる数字を 2 つか 3 つ教えてもらって、それをつなげて番号にするのもいいでしょう。そして、その番号のページにあるタロットのメッセージを相手に伝えます。

　偶然に開くだけでなく、開きたいページを読む新しい使い方もできる本です。あなたなりの考えで、さらに新しい使い方をみちびき出していただけたらと思います。

すべてに深い意味がある

大アルカナと
小アルカナ

78枚のカードが語りかけてくるメッセージ
あなたはどんな答えを見つけ出しますか?

12 吊るし人

（逆位置）

12 The Hanged Man

必死になればいい
わけではない

なりふりかまわぬ努力が功を奏するかは時と場合によります。もがいて苦しむだけで終わることもあるでしょう。打開するには現実を受け入れることが必須条件に。

ワンドの7

（逆位置）

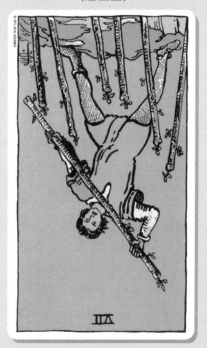

7 of WANDS

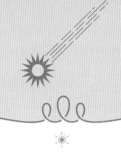

恐れは惰性を
もたらす

怖じ気づいていると、迷いが生まれ、決心を先送りしたまま不本意な日々を送ることに。すべての可能性を諦め、惰性で生きるのはもったいないことです。

カップの4

（逆位置）

4 of CUPS

動くから変化して
未来が変わる

小さなきっかけが、状況を大きく変えることがあります。いつもはやらないことに挑戦してみれば、新しい道がひらけ、未来が見えてくるでしょう。

ワンドの5

（正位置）

5 of WANDS

可能かどうかは
やらなければわからない

結果は最後の最後までわかりません。失敗を恐れて躊躇（ちゅうちょ）しては、勝てる勝負でも自ら不戦敗（みずか）を選ぶことになります。気概を持って行動あるのみです。

ペンタクルのエース

(正位置)

ACE of PENTACLES

身につけた力は
なくならない財産

自分にできることをやるだけで
も、それを続けることで力がつ
き、未来が変わっていきます。
建設的に取り組んだ結果、実力
という蓄えが大きくなるのです。

ペンタクルの5

（正位置）

5 of PENTACLES

無用のプライドは
自らを苦しめる

見栄っぱり、意地っぱり、やせ
我慢は困難に拍車をかけます。
素直になって、誰かに頼って甘
える勇気も必要です。自分をよ
く見せるためのプライドはいり
ません。

ワンドの3

（正位置）

3 of WANDS

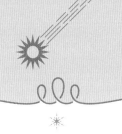

目標を決めたら
方向性を探る

目標の達成方法はいくつもあり、動き出すタイミングも変わります。チャンスや人からの助けなど、「あと押し」を得てから動くのも一つの方法です。

ワンドの6

（逆位置）

6 of WANDS

言い訳とプロセスは
別物

失敗や落ち度を認めない弁解は、状況説明になりません。素直に謝り、挽回に向けて行動することが大事。言い訳は、自分と相手の時間を蝕むだけです。

5 司祭

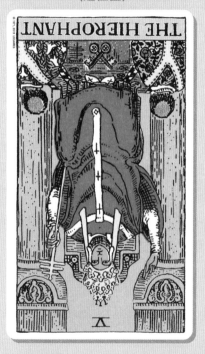

5 The Hierophant

偽善者は悪人よりも
たちが悪い

見せかけの親切な行動は、自ら
を貶めます。「人のために」とい
う言葉を隠れみのにした、偽り、
裏切り、卑劣さは、相応の代償
を支払うことになるのです。

ソードの9

（正位置）

9 of SWORDS

守りたいものがある
ゆえの恐れ

大切なものを失いそうになると
恐れを抱きますが、守りたいも
のがなければ、この恐怖は生ま
れません。大切なものに気づけ
たということは幸いなことです。

1 魔術師

（正位置）

1 The Magician

魔法は自らに
かけるもの

不可能を可能にするには、できないという思い込みに負けないことです。自分を信じる力が、あなたに魔法をかけます。あなたの可能性を引き出すだけです。

18 月

（逆位置）

18 The Moon

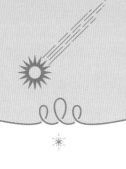

目覚めてわかる
あっけない現実

裏切りを感じるのは期待したから。過剰に期待せず、現実に向き合えれば、夢と現実の隔たりは小さくなり、理想に近づいていけるようになります。

0 愚者

（逆位置）

0 The Fool

身勝手さは
孤立を招く

人から助けられ、支え合うこと
で生きる人間は、人と関わりな
がら生涯を終えるもの。自分本
位に振る舞うと、孤立します。
「自由」と「わがまま」をはき違
えないことです。

カップのキング

（正位置）

KING of CUPS

現実のすべてを
受け入れる悠然さ

どんな状況でも心の声を聞いて
知恵をしぼることが、「自分を生
きる」ことにつながります。善
悪吉凶を問わず、悠然とありの
ままのすべてを受け止め、我が
道を歩むのです。

17 星

（逆位置）

17 The Star

希望は託すものでは
なく持つもの

他人に希望を託すのは、身勝手なエゴ。人は人、自分は自分で、それぞれが人生を紡いでいきます。希望は胸の中を照らすもの。自らの中に持ってこそのものなのです。

15 悪魔

（正位置）

THE DEVIL .

15 The Devil

内なる魔物から
目をそらさないで

欲望や誘惑に負けたことを誰か
のせいにするのは、自らの悪魔
に飲み込まれた証拠。心に巣く
う悪魔には、強い意志を持って
立ち向かうしかありません。

KING of SWORDS

厳格な中にも
ゆとりは必要

厳しさが必要でも、完璧主義に
なると身を滅ぼします。厳格さ
の矛先が己でも他者でも、その
ことに変わりはありません。妥
協がもたらす解決策もあるので
す。

ソードの3

（逆位置）

3 of SWORDS

心を制御できるのは
自分だけ

現状を直視せず、感情に振り回
されていては心の使い走りにな
るだけです。自分の心を動かし
ているのは自分。あなたの心の
あり方で現実は変わります。

6 恋人

（逆位置）

6 The Lovers

刹那的な快楽に
流されて溺れる

「今さえよければいい」という刹
那的な幸せからは、虚しさしか
生まれません。節度のなさや無
責任さは、あなたの時間を一瞬
で無価値にするのです。

PAGE of PENTACLES

ていねいな取り組みが
あとで役立つ

要領重視の行動は、効率的で生産性が高くても、その場しのぎになりがちです。本物として長く残るのは、じっくりと向き合い、手間ひまをかけたものだけです。

ワンド5

（逆位置）

5 of WANDS

勝つことへの
こだわりを捨てる

一番になること、相手を打ち負かすことを目的にすると苦しくなる一方です。勝つことより自分の中での成長を目指せば、もっとラクに目標に到達できます。

ソードの10

（逆位置）

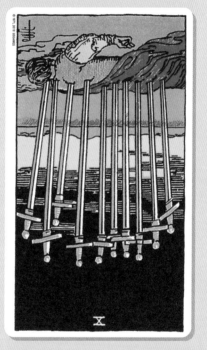

10 of SWORDS

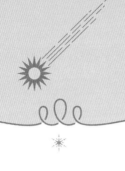

引導を渡すべき
ときもある

都合のいいことばかりに目を向けていると、現実に向き合えなくなります。そのときは辛くても、現実を受け入れて目覚めれば、それが優しさであることがわかります。

0 愚者

（正位置）

0 The Fool

いつでも
自由になれる

あなたを自由にできるのはあなた自身で、ほかの誰でもありません。他人の目や常識、固定観念などの自分を縛るものを放り出せれば、「気に病む自分」からも解放されます。

9 隠者

（正位置）

THE HERMIT.

9 The Hermit

本当に大切なことは
胸の中に

内に秘めた思いはわかっている
ようでいてわからないもの。し
かし、自分の内面を見つめる行
為によって、得られるヒントは
たくさんあります。

19 太陽

（正位置）

THE SUN.

19 The Sun

成功は
自らの成長の先に

のびのびとしたあなたでいること
です。大人という枠に収まる
必要はありません。どんなこと
でも、プロセスを楽しみながら
積み重ねていくことが、成功の
秘訣です。

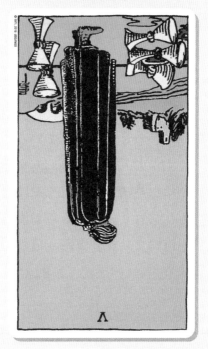

5 of CUPS

後悔の過去を
更新する

時は刻々と過ぎて過去に変わっていきます。いつまでも過去を後悔していては、「今」を失うだけです。今を楽しめば楽しい履歴で過去は更新され、未来も変わります。

7 戦車

（逆位置）

7 The Chariot

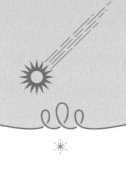

心の弱さを
怒りでごまかさない

自らの弱さと不安が招く恐怖。
それを怒りに変えて人にぶつけ
ても、何も解決しないでしょう。
心に巣くう恐怖は勇気に変えて
克服するしかありません。

ペンタクルの6

（正位置）

6 of PENTACLES

親切は双方の
受け止め方で変わる

思いやりの行ないも、相手に気
を遣わせるようでは逆効果。さ
りげない親切で役に立ちましょ
う。「気を遣っているのに！」と
いう発言はナンセンスです。

21 世界

（逆位置）

21 The World

不完全なことは
誰にでもある

思い通りにならない顛末（てんまつ）もあります。まわりが認めても、納得できないことはあるものです。仕方がないと諦（あきら）めるのか、目標を新たに取り組んでいくかです。

ワンドのクイーン

（逆位置）

QUEEN of WANDS

「わたしは」は
自我の押し売り

人に持論を押しつけたり、知ったような態度で経験者ぶったりする自分に気づいたら要注意です。無用の自己主張は人を辟易_{へきえき}させて、不本意な状況を招くことになります。

13 死

(正位置)

13 Death

好きなだけ
生まれ変わればいい

自ら区切りをつければ、いつで
も思考を一新できます。終わり
を受け入れることで、新しいは
じまりが訪れ、生まれ変われる
のです。

カップの7

（逆位置）

7 of CUPS

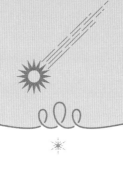

現実に向き合って
決断するとき

決断には責任が伴いますが、そ
れを受け止めなければ、どんな
にすばらしい夢や目標があって
も手に入りません。意図する未
来のために、心を決めて自ら行
動することです。

カップのエース

（逆位置）

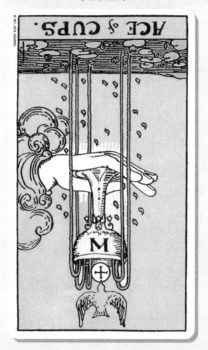

ACE of CUPS

叶わぬ望みに
振り回されないこと

望み通りの結果にならないこと
はありますが、叶わないことで
心をいっぱいにするのはやめま
しょう。叶うことで心を満たせ
ば、喜びは増えていきます。

9 of PENTACLES

心にもない言動は
墓穴を掘る

媚びへつらう言葉や虚栄心から
の大言壮語は、意外とすぐに露
呈します。まわりから見放され、
孤立してしまう前に過剰な野心
は捨てること。結果はあとから
ついてきます。

ソードのナイト

（正位置）

KNIGHT of SWORDS.

KNIGHT of SWORDS

迷いなく突き進む
判断力

合理的に判断し、無駄を省いた
最短ルートを選択することが求
められることがあります。スピ
ーディーな展開のためには、日
頃からの判断材料の収集も不可
欠です。

19 太陽

19 The Sun

中途半端な覚悟は
先行きを曇らせる

結果はあとからついてくるもの。
邪心を捨てて為すべきことに専
念すれば、おのずと道はひらか
れます。周囲に惑わされず、決
心したら腰を据えて。

9 of WANDS

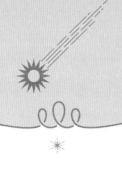

楽観的な考え方と
現実逃避は別物

不幸の影を見ないようにしてラクなほうに流れていくと、物事が予想以上に望ましくない方向に進んでいることがあります。都合のいい夢だけを見つめ、現実を見ないからです。

ペンタクルのクイーン

（逆位置）

QUEEN of PENTACLES

不幸に慣れると
不幸を歩む一方に

不幸も慣れれば安定し、受け入れられるようになります。不幸を脱するために努力するより、惰性で不幸を続けるほうがラクなのです。慣れは心の感覚を麻痺させます。

ソードのキング

（正位置）

KING of SWORDS

正しい答えが
求める答えなのか

感じたことや体験、学びを分析
し、自分なりの考えで判断すれ
ば、後悔はなくなります。自ら
を納得させられるかどうか。正
誤の判断が「答え」になるとは限
りません。

ワンドの4

（正位置）

4 of WANDS

ホッとできるオアシスが
必要

しがらみから解き放たれると、心のままに喜びを感じられるようになります。気張らない等身大の自分になれる空間や時間、ともに楽しめる仲間は欠かせません。

ペンタクルの2

（逆位置）

2 of PENTACLES

渡るつもりのない
石橋は叩かない

うまくやるようなポーズだけで
何もしなければ、対応できない
と思われても仕方ありません。
そもそもその気がないのなら、
はじめから適当に退いておくべ
きです。

6 恋人

（正位置）

THE LOVERS.

6 The Lovers

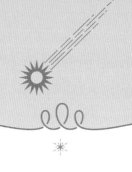

本当も嘘もないのが
「好き」

「本当に好きなこと」を探すのは
ナンセンス。好きは、ほんのき
っかけにすぎない夢見心地の感
覚です。本気で入れ込むかどう
かは別の話で、「好き」の度合い
もいろいろあります。

ワンドのナイト

（逆位置）

KNIGHT of WANDS

流れに逆らわずに
自分を保つ

望まぬトラブルに見舞われたと
しても、「望んでいない」のなら、
それに振り回されなければいい
だけのこと。落ち着いて必要な
ことをしていれば、それで十分
です。

ソードの3

（正位置）

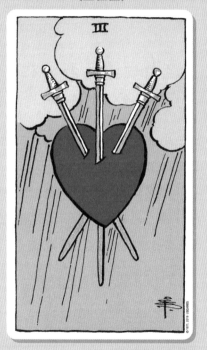

3 of SWORDS

痛いからこそ
効き目がある

辛い現実もきちんと理解し、受
け入れられれば乗り越えること
ができます。「辛い」に横線を加
えれば「幸せ」が生まれるように、
喜びの未来が訪れるでしょう。

ペンタクルの5

（逆位置）

5 of PENTACLES

自^{みずか}らに宿る美学は
闇を照らす

自分の中の美学は、窮地^{きゅうち}に追い
込まれても負けない自分を保つ
力を与えてくれます。それが揺
るがない心の拠り所^よとなって、
どんなときでも誇れる自分でい
られます。

ペンタクルのペイジ

（逆位置）

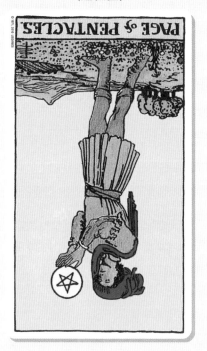

PAGE of PENTACLES

根拠のない自信は
疎まれるだけ

よかれと思ってやったことが裏
目に出たり、口ばかりで行動が
伴わなかったり。本人に悪気は
ないか、無意識の言動だったと
しても、それでは人に疎まれる
ことになりかねません。

ペンタクルの8

（正位置）

8 of PENTACLES

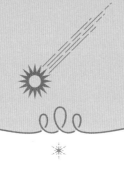

くり返しが身について 力の糧となる

ただひたすら目の前のことに取り組んで継続していけば、気づいたときには確かな手応えを得ています。無心に打ち込めば、苦しさも「積み上げる喜び」に変わっていくのです。

カップの7

（正位置）

7 of CUPS

迷うときは
選べる贅沢を味わって

迷いが生まれるということは、
あなたが選べる状況にあると
いうこと。どんなことを大事にし
たいか。何を優先したいか。答
えへのみちびきは、そこにある
でしょう。

カップのクイーン

（正位置）

QUEEN of CUPS

相手の心に寄り添える
洞察力

何事も決めつけないニュートラ
ルな感覚と優しさが、他者を深
く理解する力になります。うわ
べの言葉ではなく、実際の行動
や様子を見守っていれば、相手
に寄り添えるのです。

カップの3

（逆位置）

3 of CUPS

不満足な現状に身を
ゆだねてはいけない

面倒だからと現状に甘んじるの
は危険です。不満足でもそれな
りに保たれている状況や慣れは
悪^あしき未来を招きます。問題解
決の先延ばしはしないことです。

カップのナイト

（正位置）

KNIGHT of CUPS

満たされた精神に宿る
思慮深さ

まわりのすべてを受け入れて、
そこに理想を見いだせる人は、
いつでも夢の実現への道を歩み
出せます。どんな状況でも好機
を見つけ、心のままに動ける強
さがあるのです。

ワンドのエース

（正位置）

ACE of WANDS

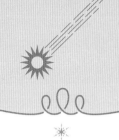

何事にも
「はじめて」がある

やったこと、見たこと、聞いた
こともないことがあるのは仕方
ありません。どのようなことも
最初は挑戦あるのみです。今や
らなくて、いつできますか？

ソードのクイーン

（逆位置）

QUEEN of SWORDS

知性を自己防衛に
用いる危険性

自分を守るためだけに知性を使うと、的確さを損ない自らを陥れます。他者を攻撃して自分を高める愚かさです。知性は厳しさと優しさがあってこそ、よりすぐれたものになります。

THE HANGED MAN.

12 The Hanged Man

考えないことで
自らを不幸にする

意地や執着を捨てて、ひとりに
なる時間が大切です。視点を変
えれば、すんなりと理解が進む
ことがあります。それまで見え
ていなかった目の前の幸せに気
づけるのです。

カップのナイト

（逆位置）

KNIGHT of CUPS

欲があると
不本意な未来に

損得ばかりに目が行って、うまい話にときめいていると、気づいたときには望まない人生を歩んでいる可能性も。掲げていた理想を振り返り、自身を省みる必要があります。

カップのクイーン

（逆位置）

QUEEN of CUPS

軽々しい同情は
相手に失礼です

感動や喜び、悲しみや怒りに共
感しても、迎合はしないこと。
あわれみは、相手を下に見るこ
とにもつながります。評価する
ことも、イエスマンになる必要
もありません。

ソードのエース

（逆位置）

ACE of SWORDS

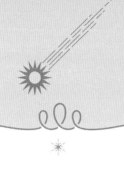

一歩引いて
冷静さを保つ

感情のままに動いてしまうと、自分を見失い、目指していたことから遠のいていきます。突然のアクシデントや窮地に立たされたときこそ、冷静な判断と手堅い行動が必要です。

2 女司祭

（逆位置）

2 The High Priestess

理想と現実は
違って当然のもの

理想を叶えるには、現実と向き
合うことが欠かせません。実現
した理想と、夢として描く理想
の違いは、理想を叶えた人にし
かわからないのです。

11 正義

（正位置）

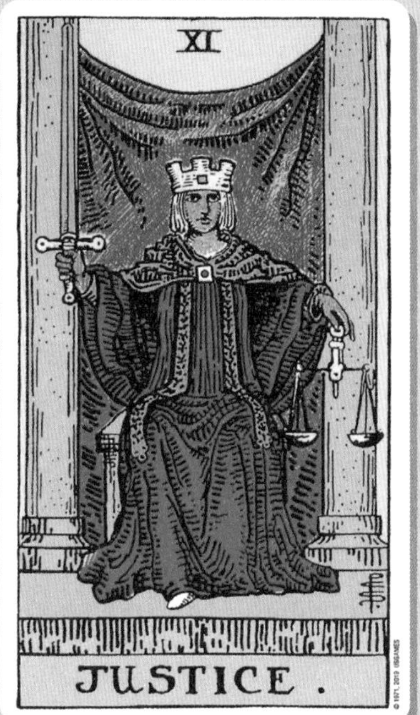

11 Justice

どちらでもないことの
大切さ

感情に左右されないニュートラルな状態で物事に向き合うこと。相対するもののどちらにも入れ込まない中庸を保つことで、はじめてわかることがあるのです。

ペンタクルの9

（正位置）

9 of PENTACLES

自分の価値を
より高めてくれるもの

才能があっても、生かせる場が
なければ宝の持ち腐れです。人
との縁がもたらす機会や周囲か
らの引き立てもその人の実力の
うち。自<ruby>ら<rt>みずか</rt></ruby>の価値は自分しだい
で変わります。

ペンタクルの4

（逆位置）

4 of PENTACLES

得る喜びと失うリスクは
背中合わせ

家や車、お金、人間関係、功績
や立場など、何かを手にすると、
今度は失うことへの恐れが生ま
れます。守りたいという思いは
当然でも、それが執着になると
危険です。

11 正義

（逆位置）

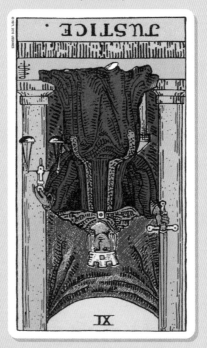

11 Justice

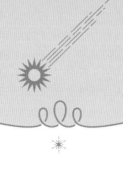

基準を築ければ
バランスが整う

基準が違えば、白は黒に、黒は白になります。同じ状況でも善悪が反転する可能性があるということです。感情だけで判断しては信憑性を失います。

カップの5

（正位置）

5 of CUPS

後悔や挫折感に
心を奪われない

辛いことばかりに気を取られる
と救いが見えなくなります。冷
静に現状を把握すれば、希望が
見つかるでしょう。喪失感や挫
折感、後悔に溺れてしまわない
ことです。

16 塔

（正位置）

16 The Tower

壊れるのも壊すのも
似たようなもの

形あるものもないものも永遠で
はなく、いつか壊れていきます。
予期せぬアクシデントも刷新の
チャンスと受け止めれば、そこ
から未来はひらかれます。

カップの9

（逆位置）

9 of CUPS

より多くを求める苦しみ
が欠乏感の源泉

願いを叶えた喜びは、ときに快
楽的な中毒を招きます。手にし
たものの大きさに夢中になると、
奢_{おご}りが生まれ、歯止めのきかな
い欲望に支配されて苦しむよう
になるのです。

2 of PENTACLES

悩みは持つだけ
時間の無駄

臨機応変に対応すること。物事
はすべてつながっています。解
決できない問題にとらわれず、
気楽に構えて流れに乗るのが賢
明なときもあるのです。

カップの10

（逆位置）

10 of CUPS

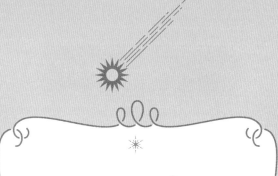

人にはそれぞれの
幸せがある

自分にとっての幸せがどんなも
のであるかをわかっていないと、
ないものねだりになるばかりで
す。幸せはオーダーメイド。他
者と比べても意味がありません。

ペンタクルのナイト

（逆位置）

KNIGHT of PENTACLES

度を超した完璧主義は
何も実らない

真面目に取り組むあまり、些細なミスや一度の休みさえ許せなくなると継続が困難になります。慎重になりすぎて、結局は何もしないで終わってしまったことにあとで気づいてもどうしようもありません。

3 女帝

（正位置）

THE EMPRESS.

3 The Empress

豊かさと愛は
心に宿る美しさの証

ありのままを受け入れる心に豊
かさが生まれ、それが実りをも
たらします。享受したものを分
かち合う心の美しさが調和を実
現し、幸せを引き寄せるのです。

ペンタクルの3

(正位置)

3 of PENTACLES

自分を生かす努力が
実るとき

経(へ)てきたプロセスや努力など、これまでに培(つちか)ってきたことがあなたの身を助けます。いつも通りの取り組みがすべてで、手軽なショートカットやインスタントはありません。

1 魔術師

（逆位置）

1 The Magician

異論があるなら
やってみて

思うことがあるなら、それに見
合うアクションが大事。文句を
つけたり、条件を羅列したりす
るだけなら誰にでもできます。
言葉ではなく、行動で示すこと
です。

17 星

（正位置）

17 The Star

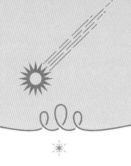

何が起こっても
常に希望がある

胸に希望を抱けば、心は軽く明るくなります。根拠は必要ありません。可能性をプラスに向け、自（みずか）らを奮（ふる）い立たせれば、希望の光が背中を押してくれます。

9 隠者

（逆位置）

9 The Hermit

自身を理解できるのは
自分だけ

「誰も自分をわかってくれない」
と、いじけていても孤独を深め
るだけ。他者に理解を求めるな
ら、自分から相手に理解を促す
ことが欠かせません。

カップの6

（逆位置）

6 of CUPS

忘れられないという
思い込み

「忘れられない」といっても、そのことを四六時中（しろくじちゅう）考えているわけではないはずです。感傷的になることや自己憐憫（れんびん）をやめれば、新たな一歩を踏み出せます。

ワンドの2

（逆位置）

2 of WANDS

結果や現状を
どう受け止めるか

後悔してもはじまりません。予期せぬ展開になったときこそ、どっしりと構えること。状況を理解して改めるところは改めましょう。動揺して判断を誤らないことです。

ソードのクイーン

（正位置）

QUEEN of SWORDS.

QUEEN of SWORDS

言葉にしがたいことを
伝えるセンス

言いにくい事柄や、相手の意向
に反する「ノー」を伝えるのは
気まずいもの。自分の考えをう
まく相手に届けられるかは、伝
え方しだいです。日々、言葉や
表現のセンスを磨くことです。

ワンドの3

（逆位置）

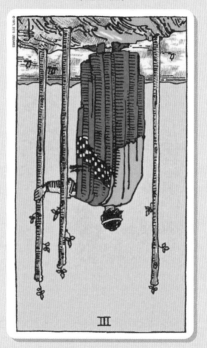

3 of WANDS

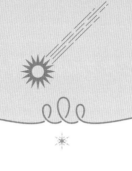

期待だけを
頼みの綱にしない

希望的観測で判断すると予想と
違う展開に落胆することになり
ます。思い描いた理想に期待す
るばかりで何もしなければ、訪
れた好機も逃してしまいます。

ペンタクルのクイーン

（正位置）

QUEEN of PENTACLES

寛容さは
自身のためにもなる

人のために力を尽くせば、相手
だけでなく自分にも好影響をも
たらし、良好な関係が築かれま
す。穏やかな人間関係は幸運を
運んでつなぐかけがえのないネ
ットワークになります。

10 of PENTACLES

思い出や過去を
手放す

現在の状況が思うようなもので
ないほど、人は過去の自分の活
躍にしがみつきます。自慢の過
去を負の遺産にしないためにも、
今できることに勤しむことが賢
明です。

ソードのナイト

（逆位置）

KNIGHT of SWORDS

自制心を失うと
感情は魔物化する

勇み足、焦り、早合点は、不毛
な争いや災いを招きます。情動
だけで突き進まぬよう、自らを
制御する冷静さが欠かせません。
鼻息を荒らげる前に深呼吸です。

13 死

（逆位置）

13 Death

過去を足枷にするか
肥やしにするか

未練や執着の思いは亡者となり、自身にまとわりつきます。新たな一歩を踏み出そうにも過去に縛られていては、自ら足枷をつけているようなものです。

ソードのペイジ

（正位置）

PAGE of SWORDS

用心深さが
裏目に出るとき

不測の事態に備えることは大事
ですが、慎重になりすぎると、
何もできずに終わることがあり
ます。周到なプランを練っても、
恐怖心に負けるとチャンスを逃<ruby>逃<rt>のが</rt></ruby>
すのです。

20 審判

（逆位置）

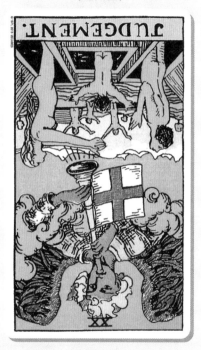

20 Judgement

やさぐれた発想は
未来を腐らせる

いずれ、どうせ、私なんて……
という消極的な考え方では、チャンスを取り逃がします。自ら
を貶める呪いの言葉は、可能な
ことも不可能にするでしょう。

3 of CUPS

分かち合って
満たされる思い

手にしたものも自分の気持ちも、
人と分かち合えば喜びが増しま
す。喜びが広がれば、さらなる
喜びが舞い込むでしょう。ただ
し、うれしい共感に限定するこ
とが大事です。

20 審判

（正位置）

20 Judgement

チャンスは
都合を聞いてくれない

あなたの心の準備が整うのを
待ってくれるほど、チャンスは
お人好しではありません。「今」
を逃さないこと。「いつか」「ま
た今度」と先送りにしない意識
が大切です。

21 世界

21 The World

達成したあとの
つかの間の幸福感

どんな結果であろうと、納得さ
えしていれば、それを踏み台に
新しいステージに進んでいけま
す。得た喜びを糧に前進するか、
現状維持で終わりにするかです。

ペンタクルのキング

（逆位置）

KING of PENTACLES

どうしたいかより
何ができるか

人や社会に貢献したいなら、求められているものを知り、できることをするしかありません。持てる力も正しく生かせなければ、ただの自己満足になります。

10 Wheel of Fortune

どんなことにも
リスクはある

流れに逆らうのは至難の業。意図と異なる流れでも、流されてわかる運命の巡り合わせがあります。躊躇するか流れに身をまかせるか。選ぶのは自分自身です。

PAGE of CUPS

ラクなほうに流れると
堕落する

優しい言葉やうまい話に惑わさ
れてはいけません。その瞬間は
薔薇色でも、それに慰めを求め
るようになると、負のスパイラ
ルに身を落とすことになります。

ワンドの10

（正位置）

10 of WANDS

自分の能力を
過信しないこと

自分がやるしかないとひとりで
抱え込むとキャパオーバーにな
ります。あれもこれもと手を出
して信用を失わないように、背
負いすぎた荷物を下ろすことも
大切です。

ソードのエース

（正位置）

ACE of SWORDS

ひらめきは
深い思考から生まれる

「ひらめき」は考えることなしには得られません。普段から考え続けていることが、ふとした瞬間にアイデアや気づきに変わるのです。

4 of WANDS

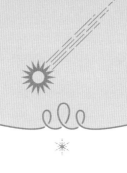

現状にせんじると
向上はない

「悪くはないからよし」と、今ひとつしっくりこないところで自分をごまかすのは課題の先送りにしかなりません。維持してもいい現状か、見極めが重要です。

カップの4

（正位置）

4 of CUPS

未来への展望が
見えないとき

マンネリの日々に溺れていると不満が増えていきます。このままではいけないと思うなら、自(みずか)ら楽しみを見つけること。自分をご機嫌にするカギは、あなたが握っています。

3 女帝

（逆位置）

3 The Empress

その優しさは
誰へのものですか?

優しさが仇になるのは、それが
甘やかしになるとき。人への優
しさを隠れみのにした決断の先
送りや過保護な態度、共依存は
相手だけでなく自分もダメにし
ます。

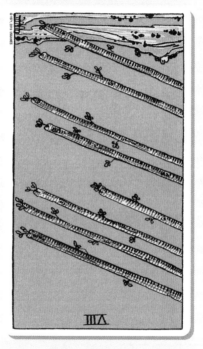

8 of WANDS

焦りは向かい風を
強める

追い風が吹くのと同じように、
向かい風が吹くこともあります。
予定通りに進められないときは、
相手や状況、自らの気持ちに振
り回されない冷静さが必要です。

ペンタクルのエース

（逆位置）

ACE of PENTACLES

欲張る人は
取りこぼす

欲をかいても持てる分しか持て
ず、逆に信用を失い、チャンス
に見捨てられます。利益はあと
からついてくるというスタンス
で行動をするのが大事です。

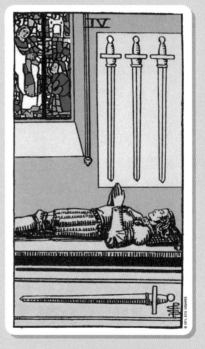

4 of SWORDS

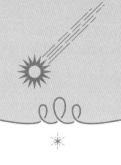

未来に備えるための
休養

頑張るのはいいけれど、無理を
して疲労困憊しては動けなくな
ります。元気な自分があってこ
その未来です。体力を回復させ
ることが最優先になるときもあ
ります。

ペンタクルの6

（逆位置）

6 of PENTACLES

見せかけの善意は
透けて見える

表面だけの優しさや親切……その裏で何かを搾取したり、相手を支配したりしようとする人もいます。外面だけの人は一貫性がなく、相手によって態度を変えます。よく観察することです。

8 力

（正位置）

8 Strength

自分をコントロールできる
思慮深さ

どんなに辛くても投げ出せない
のが自分事です。逃げ切れない
ことに向き合って克服すること。
困難なときこそ自分の力を信じ
て、自らを制御する手腕が欠か
せません。

ワンドのキング

(逆位置)

KING of WANDS

強引さは余裕のなさの
表われ

無理強いしてでも推し進めよう
とする態度は、うまくいくこと
があっても批判を招くもの。相
手の心からの納得を得られなけ
れば、関係は破綻への道をたど
ります。

14 節制

（正位置）

14 Temperance

「知る喜び」を
いつも心に

新たな学びや人の意見、自身とは異なる視点や見解を知ることは世界を広げます。同意できるかどうかにかかわらず、自分を高めるスパイスになるのです。

ソードの2

（正位置）

2 of SWORDS

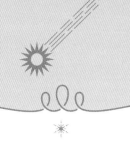

結論を出すことが
すべてではない

保留が必要なこともあります。
落ち着いて状況を見ていれば、
考えもまとまるでしょう。葛藤
の時間は無駄ではありません。
新たな選択肢が広がる可能性も
あります。

6 of SWORDS

逃げることが
賢明なときもある

退避したり、方向転換したりする
ることでたどり着ける新天地も
あります。堂々巡^{めぐ}りで何もでき
ないときは、流れに身をまかせ
ながら、視点を変えていきまし
ょう。

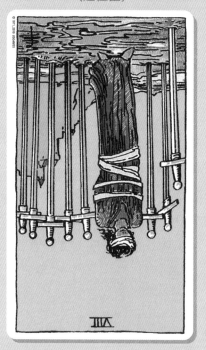

8 of SWORDS

過ちを招く
恐怖と焦り

思い込みや嫌悪感は見る目を曇
らせます。相手に真摯に向き合
うことが大事です。自分は悪く
ないという自己防衛に走ると被
害者意識に陥り、孤立無援の状
況を招きます。

カップの6

（正位置）

6 of CUPS

大事な思い出を
刻<ruby>きざ</ruby>めるのは「今」

過去を振り返るときに胸に広が
る懐かしさは、忘れていた自分
の心を思い出させてくれます。
あの頃があって今がある。今が
思い出になったときに誇れる時
間を刻みたいものです。

⟨10 運命の車輪⟩

（逆位置）

10 Wheel of Fortune

頑張る意味が
ないときもある

うまくいかないときは誰にでも
あります。でも深追いは禁物。
空回りしていると感じても、「そ
ういう時期」と受け止めて、流
れにゆだねるのが賢明なときも
あるのです。

ソードの5

（逆位置）

5 of SWORDS

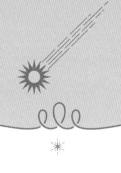

原因は
自分自身の中にある

予期せぬアクシデントだったと
しても、自分自身を振り返るこ
と。人の情けに期待せず、また、
自己憐憫に陥ることなく、脇を
固めることが欠かせないときも
あります。

ペンタクルのナイト

（正位置）

KNIGHT of PENTACLES

的確な行動で
望む運命を手にする

時間がかかっても、続けてきた
努力や着実な歩みは大きな財産
になります。自^{みずか}ら納得して行動
していれば、どんな結果であろ
うと受け入れて満足することが
できるのです。

ワンドのクイーン

（正位置）

QUEEN of WANDS

魅力は自然と
あふれ出るもの

ありのままの自分から放たれる
ものが魅力的であるか。偽りの
ない自分は愛される存在なのか。
人への思いやりと自立した心の
強さが問われるところです。

ワンドの6

（正位置）

6 of WANDS

誇らしいときこそ
謙虚に

評価されるのはすばらしいことですが、やっかみを買ってしまうことも。喜びに感謝して謙虚に振る舞えば応援者や味方が増え、さらなるチャンスが巡ってきます。

ワンドのペイジ

（逆位置）

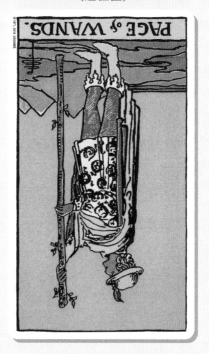

PAGE of WANDS

勝ち負けにこだわる
だけの反抗心

気まぐれや反抗心で行動すると
本来の目的を見失います。相手
への対抗心で反論したり行動し
たりすると、元も子もない結果
を招きかねません。

KING of WANDS

KING of WANDS

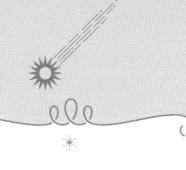

その人の本気に
まわりはついてくる

有能かどうかではなく、ひたむ
きに邁進する姿勢に、人は心を
打たれます。応援したい。つい
て行きたい。信じられるからこ
そ、成功の未来を描けるのです。

ワンドのナイト

（正位置）

KNIGHT of WANDS

運は
動かせば動くもの

巡(めぐ)り合いやきっかけをつかむの
は自(みずか)らの熱意と行動です。何も
せずに自然の流れにまかせてい
ては、待ち望んでいた未来にな
るかもわかりません。意図して
動くことです。

9 of CUPS

こみ上げる喜びに
振り回されない

願いが叶ったときや叶いそうな
とき、その人の品性が表われま
す。自らを誇らしく思っても奢
らず、心にゆとりを持つことで
す。さらなる願いが叶いやすく
なります。

ペンタクルの4

（正位置）

4 of PENTACLES

安定と不安定は
紙一重

安定を保つことに必死になると、気持ちが不安定になり、不安定な中で安定を目指すと、少しの安定感でも気持ちがラクになります。安定と不安定はシーソーのようです。

ソードのペイジ

（逆位置）

PAGE of SWORDS

脇の甘い警戒心は危険

油断は命とりになります。甘い考えで弱みを握られることも。人との会話や共有した時間は個人情報であることを認識して他言せず、人の信頼を得ることが欠かせません。

カップのキング

（逆位置）

KING of CUPS

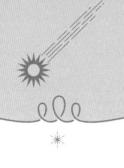

利己を求めて
自らを裏切る

虫のいい考えは相手に見透かされます。嘘をつき、人を騙し、相手の顔色をうかがって行動することは、自身を偽ることにもつながり、最後に自分そのものまで失うのです。

カップの10

（正位置）

10 of CUPS

幸せは
自らの心の中にある

あたり前の日常に喜びを感じる
ことが幸福の秘訣。大きな幸運
を求めるあまりに小さな喜びを
ないがしろにしていると、幸せ
に鈍感になり、大切なものを見
失います。

カップのエース

（正位置）

ACE of CUPS

満たされた自分
あってこそその愛

人に優しく、愛をもって接する
には、自らが満たされることが
欠かせません。日常にある小さ
な幸せでいつも心を潤わせてお
くこと。心のゆとりが大事です。

18 月

(正位置)

18 The Moon

未知のものへの
魅惑と恐怖

謎めいた未知のものは想像をかき立てます。不安と期待は背中合わせ。偽りに真実味を与え、真実を虚構に仕立てます。自分を見失わないことが大事です。

ソードの4

（逆位置）

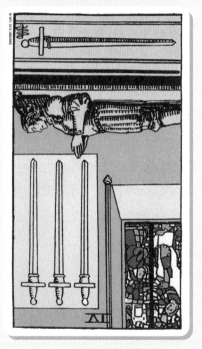

4 of SWORDS

億劫と思えばすべてが
億劫になる

休みも長すぎたり、モラトリアムの状態のままダラダラしていては、どんどんやる気を失います。億劫でもワンアクション起こせば、一気に動き出せます。

カップの8

（正位置）

8 of CUPS

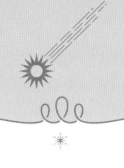

心に区切りをつけ、次に向かう

心が満たされるかどうかによらず、物事には移り変わるタイミングがあります。そのときを迎えたら身を引くこと。過去を手放し、新たな方向に転換することです。

ペンタクルの7

（逆位置）

7 of PENTACLES

過大な自己評価は
落胆と背中合わせ

よくできたという自己評価も、
冷静に見ればたいしたものでは
ないかもしれません。もっと視
野を広げて挑戦すること。昨日
よりもすばらしい自分を目指せ
るのです。

8 of SWORDS

忍耐が
試されるとき

窮地に追い込まれても、忍耐を
試されていると思えば、状況は
違ってきます。目の前の現実を
つくり出しているのは自分自身
で、あなたはいつでも自由にな
れます。

ソードの10

（正位置）

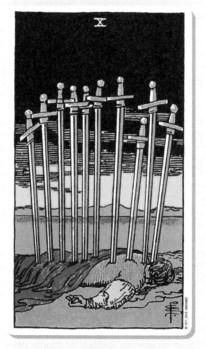

10 of SWORDS

心機一転して
生まれ変わる

何もかもはじめからやりなおし
たいときは、まず現状すべてを
受け入れること。どんな自分の
過去も肯定できるようになれば、
新しく生まれ変わったも同然で
す。

4 皇帝

（正位置）

4 The Emperor

頼られるには
理由がある

状況を的確に判断した行動で、
周囲を含めた自分自身を守りま
す。責任感で人に応え、信頼を
高めながら、人から求められて
自然に誕生するのが本物のリー
ダーです。

16 塔

（逆位置）

16 The Tower

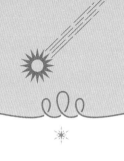

不安定な状態が
一番危険

問題があるなら改善のために変えていくしかありません。看過したまま問題を抱え、不安定な状態を続けるのが一番危険なことです。

8 力

（逆位置）

8 Strength

自らの力に
飲み込まれないで

問題を持てあまして誰かに決定
をゆだねても何も解決しません。
そうして逃げたところでどうに
もならず、結局は自分で受け止
めて向き合うしかないのです。

15 悪魔

（逆位置）

15 The Devil

やればできる、
やらねばできぬ

欲望や誘惑に打ち勝つ強い意志
を持てれば必ず勝てます。決め
たことを守れず悪習を断ち切れ
ないとすれば、自分への甘さが
原因。言い訳を許さない決意が
欠かせません。

ワンドのペイジ

（正位置）

PAGE of WANDS

まっすぐな人は
強い

一つのことに熱中できる人は、まわりの評価を気にせず、夢に向かって自らの道を進むたくましさがあります。迷いのない誠実な姿勢は、人を説得する力になり、道をひらくのです。

ソードの2

（逆位置）

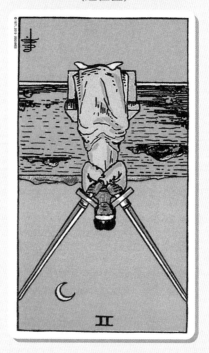

2 of SWORDS

本音と建前の
ギャップに戸惑う

はっきりと返事をせずにお茶を
濁すときは、相手への気遣いか
ら遠慮する場合と、遠慮をよそ
おって丸く収めようとするケー
スがあります。

7 of SWORDS

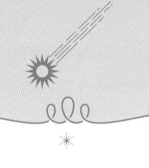

人間性や手腕が
試されるとき

困難や試練は、それに向き合える実力が備わったときに巡ってくる課題のようなものです。「必ずクリアできる」という前向きな取り組みが欠かせません。

ワンドの8

（正位置）

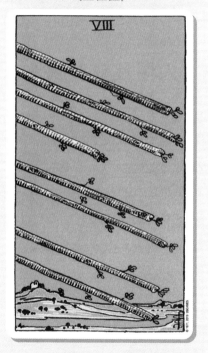

8 of WANDS

運の流れは
待ってはくれない

物事が動き出してから、心の準備をしていては、一番いいタイミングを逃してしまいます。いつでも行けるようにスタンバイして、うれしい展開を迎えるのです。

2 女司祭

（正位置）

THE HIGH PRIESTESS

2 The High Priestess

気づいたら
手にしているのが理想

憧れは心の支えや指針になります。そうなりたいという思いからのひたむきな行ないが、あなたを理想に近づけます。ただ夢を見るだけでなく、実際に動いて学び、自らを成長させるのです。

ワンドのエース

（逆位置）

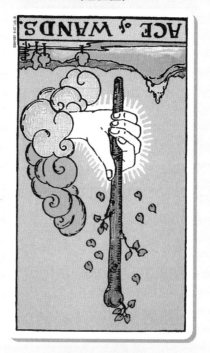

ACE of WANDS

何事にも
「終わり」は訪れる

物事や人との関係などには終わりのときが訪れます。終わりがあるからこそ、新たなはじまりや出会いもあります。しがらみから解放され、自由に動けるのです。

3 of PENTACLES

うまくいかないことには原因がある

もっとやるべきことはなかったか。実力は伴_{ともな}っていたか。環境は整っていたか……。現状に向き合って原因を特定すれば、解決できるはずです。

5 司祭

（正位置）

5 The Hierophant

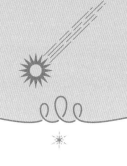

美しさは
にじみ出るもの

どんな状況にあろうと誠実さが
あれば、信頼を築くことができ
ます。互いを尊重し許すことで、
心がラクになり、平和がもたら
されるのです。

ワンドの10

（逆位置）

10 of WANDS

投げ出すくらいなら
人に相談

一度抱えたものを、限界を感じたからといって手放すのは無責任です。放棄するくらいなら人に助けを求めて解決策を講じましょう。逃げずに終わらせることにつながります。

カップの8

（逆位置）

8 of CUPS

新たなゴールに向けて
再スタート

過去の出来事の意味をあとから
知ることもあります。点と点が
結ばれ気づきを得るのです。そ
こから再び前に向かって踏み出
していけば、新しい道がひらけ
ていきます。

ペンタクルのキング

（正位置）

KING of PENTACLES

人の中で役立ててこそ 本当の実力

手にした財産、地位や名声、ス キルなどは、人とのつながりの 中でこそ生かされるもの。ただ 持って守り続けるだけでは、実 力としての意味を失うことにな ります。

カップの2

（逆位置）

2 of CUPS

わかってほしいなら
心を開いて

この気持ちを汲み取ってほしい。
もっと配慮されたい。そのよう
な思いは、「誰もわかってくれ
ない」という不信感につながり
ます。自分から心を開くことが
欠かせません。

ペンタクルの8

（逆位置）

8 of PENTACLES

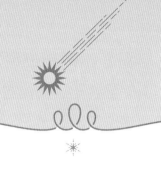

何を積み重ねるかで
未来が変わる

三日坊主で断念するのか、休み
ながらでも努力を続けるのか。
悪習をくり返してしまうなら、
良習でも同じことができるはず。
何を継続するかという問題です。

ワンドの7

（正位置）

7 of WANDS

意を決して
挑むべきとき

やるしかない。やってやろうと
決意しても、心細く感じること
はあります。まわりを味方につ
けて足場を固めたら、あとは自
分を信じてベストを尽くすだけ
です。

ペンタクルの10

（正位置）

10 of PENTACLES

受け継いだものを
未来に継承する

歴史として刻まれる伝統や習わ
し、時代とともに変わりゆく文
化、個人が受け継ぐ血や財、徳
もあります。残されたものを、
さらに豊かな未来の糧にできる
かどうかが大事です。

PAGE of CUPS

心の柔軟さは 大きな強み

望ましくない状況でも、前向き
に受け入れることができれば、
たいていはいい結果で終わりま
す。素直に心を開ければ、誰が
自分の味方であるかもわかるで
しょう。

6 of SWORDS

逃げられないなら
腹を括る

回避をしようとしてもうまくい
かず、ふりだしに戻されること
も。逃げても何も変わらないと
覚悟を決めて、可能な中での最
善を目指すしかありません。

14 節制

（逆位置）

14 Temperance

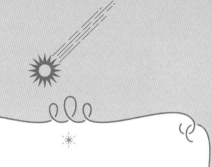

インプットあっての
アウトプット

わかっていると思い込むことや、
人への批判や反論を目的にして
いると、不利益が増えていきま
す。上澄みだけで満足する知っ
たかぶりは、損をするだけです。

ペンタクルの7

（正位置）

7 of PENTACLES

過渡期の過ごし方が
未来を左右する

自分では努力をしたつもりでも
いい結果に結びつかないことが
あります。現状を見直し、理想
と現実の差を縮めて進歩するた
めの方法を探すことです。

カップの2

（正位置）

2 of CUPS

理解あっての
パートナーシップ

相手に対する一方的な理解は、
アンバランスな関係を生みます。
互いに本音を受け入れ、理解し
合うことで協力関係が生まれ、
持てる要素を生かせるようにな
るのです。

ワンドの2

（正位置）

2 of WANDS

さらに上を目指す
健全な野心

いいときも悪いときも納得して
次に歩み出すことが大きな強み
になります。先を見据えた前向
きな姿勢が、さらなる目標への
到達を叶えるでしょう。

4 皇帝

（逆位置）

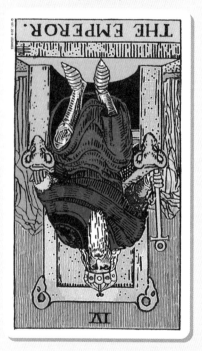

4 The Emperor

近視眼では
未来を見通せない

目の前のことばかりにとらわれ
ると未来が見えなくなります。
自分本位な振る舞いは敵対者を
増やし、本来得られるものはも
ちろん、すでに手にしているも
のも失います。

7 戦車

7 The Chariot

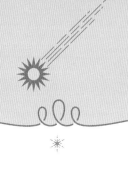

現状を打ち破る
意欲

現状を打ち破る「攻撃性」は、事を為す「やる気」につながります。勢いと情熱を持って目標に挑まなければならないときのエネルギーとなるのです。

ソードの9

（逆位置）

9 of SWORDS

自己憐憫は
不幸のはじまり

人を恨み、悪しき事柄の原因の
すべてを他者のせいにすると、
犠牲となったあわれな自分に堕
ちていきます。幸せの未来とい
う可能性を放棄し、永遠の被害
者になるのです。

ソードの7

（正位置）

7 of SWORDS

うしろめたさは
未来に影を落とす

やましい思いは、いつまでも胸
に引っかかり、消えることはあ
りません。なかったことにした
くなるような忌_いまわしい記憶は
心を汚し、不安と後悔となって
未来を蝕_{むしば}み続けます。

ワンドの9

（正位置）

9 of WANDS

「いつか」「いずれ」とは、
いつですか

明日に備えて整えることは大事
ですが、心配するあまりビクビ
クしていては裏目に出ます。ど
んな未来が来ようとも、「今」と
いう瞬間に腹を据えて挑む姿勢
も欠かせません。

ソードの5

（正位置）

5 of SWORDS

手段を選ばぬ
やり方

ときには手段を選んではいられないほど容赦(ようしゃ)のない対処が必要な相手もいるでしょう。そうでなければ混乱は自身の内側からも、他者からももたらされます。

カードのメッセージを
受け取ったあなたへ

善か悪かという考えで決めつけては、
タロットを読み解くことはできません。
これは人生も同じこと。
ここからは、
タロットの奥深い世界に触れたあなたへ、
その気づきを幸せにつなげるための
メッセージをお伝えします。

✴ 「ひらめき」のつくり方

　タロット占いでも、カードを見てピンとひらめいた答えは、普通に読み解いた答えよりも的中することが多いです。

　そう言うと、霊感があるかのように思われることも多いのですが、特別な霊感はなくても、ピンとひらめくようになれます。少なくともわたしの場合は、霊感でピンときているとは思いません。どちらかというと、思い当たるようなイメージでひらめきます。

　「ひらめき」とは、何かアイデアが天から降ってくるもののように思われがちですが（実際そういう方もいらっしゃるのかもしれませんが）、誰でもひらめくことはできますし、直観的な感覚を研ぎすますこともできます。

　そのために必要なのは、「自分の中身をつくる」こと。いろいろなことを見聞きしたり、学んだり、体験したりすることが大事です。つまり、日々の生活の中で自然と

蓄積されていくものが、ひらめきのもとになるのです。

　気になることや、疑問に感じたことについて考え、必要なら調べていくこと。それをくり返していると、自分の中で納得できる考えが生まれます。

　考えていると、はじめはバラバラで無関係だったことが、点と点がつながるように一つにまとまり、アイデアや答えとしてひらめくようになるでしょう。

　その場合も、ひらめくことをただ待っているのではなく、お題について多角的に向き合い、ひたすら考えていきます。そうして、もう、何も浮かばないというところで、ふとした瞬間に、自分でも驚くようなひらめきが得られるのです。わたしがひらめきを得るときは、この流れが基本です。

　タロットを読み解くときも同じ。日頃から考え、「この出来事はタロットのこのカードのようだ」などと、カードと事象を結びつけるクセをつけておきます。
　すると、カードを見た瞬間に、ひらめきを得やすくなるでしょう。

また、似たような課題であっても、以前に成功したアイデアを流用しないことも重要なポイントです。常に新しく生み出すには、同じものでやり過ごさないことが基本になります。考えることをやめてしまうと、ひらめきを得られなくなるからです。

　ひらめきは、無限に広がっていきます。単発的なひらめきで終わらせないためには、常日頃からの中身の充実が欠かせません。無限だからこそ、あなた自身も無限大になる必要があります。

　見聞や体験を増やし、それについて考えて、自分なりの意見を持つこと。考えのもととなる材料を自分の引き出しに蓄えておくのです。それをくり返し続ければ、あなたのひらめきの力は無限にふくらんでいくでしょう。

　そして、アイデアや考えを出し惜しみしないことも重要です。「もったいないから」「次の機会に」と、自分の中でため込もうとすると、せっかくのひらめきを腐らせることになります。
　ひらめきは旬のものです。再利用するものではないことを忘れてはいけません。

悩まないで、考える

　その大きさや深さは人それぞれですが、「悩んでいるんです」とおっしゃる方はたくさんいます。しかし、この「悩んでいる」という認識は、じつは危険なものです。

　悩んでいると思うと、心が動揺し、冷静さを失うようになっていきます。そして、いつもなら解決できることが解決できなくなるのです。

　感情のままに行動すると失敗してしまうことがあります。負の感情が視界を曇らせ、気が動転してしまうからでしょう。現状を受け止められなくなり、状況判断を誤って情動のままに反応で動くことで、取り返しのつかない顛末を招いてしまうのです。

　プロローグでも書いたように、「悩む」のではなく、「考える」ことが大事です。考えようとすると、冷静さを取り戻せます。すると、視界がクリアになって、状況を整理できるようになるでしょう。考えることは、自分を

客観視することに役立つのです。

「悩む」と「考える」は、同じ意味合いとして使われることもありますが、辞書では違いが明確です。
　「悩む」は、精神的に苦しみ思いわずらうことと、肉体的に苦しむことを、「考える」は、物事をひき比べたり、筋道を立てて判断したりすることを表わします。
　悩むことは苦しむことになりますが、考えるようにしていけば、苦しまずにすむかもしれません。
　「悩んでいる」を「考えている」に変えてみれば、解決しようという意識も、自然と強まっていくでしょう。

　とはいえ、どんなに考えても、答えが出ないこともあります。たとえば、人の気持ちに関わることや、すでに決定していることなどです。
　そういうときでも、「考える」というスタンスは強みになるでしょう。考えても無駄であると理解できれば、踏ん切りもつきやすくなります。一方、悩んでいる場合は、その問題が悩みとしてずっと残ってしまうでしょう。
　合理的になるためには、感情に振り回されないように、冷静な自分を保つことが大切なのです。

「考えること」は大変で疲れることだと思えるかもしれません。では、「悩むこと」はどうでしょうか。考えるよりもラクで手軽でしょうか。そんなことはないはずです。

　ひたすら悩み苦しむことと、考えて最善を目指すことを比較すれば、最後の救いに期待できるのは、「考えること」のほうになるでしょう。

　考えるためには、状況の把握と整理が欠かせません。悩みを抱えて困っていると、不安に飲み込まれてしまい、何が起きて、どうして今のような状態になっているのかさえ、見えなくなりがちです。まずは、冷静になること。そして、今の自分がどういう状況にいるのかを見つめていけば、気持ちが徐々に落ち着いていくでしょう。

　興奮すると、人は何も考えられなくなります。興奮することがあるのは仕方がないことですし、心臓が飛び出しそうになったとしてもかまいません。そこから心を静めて、いつもの自分を取り戻せばいいのです。

　考えることで、「悩むほどのことではなかった」と気づくこともあるでしょう。

 選択肢を増やす

　人生は選択と決断の連続です。たとえば、「イエス」か「ノー」かという、２つの選択肢があったとします。どちらかに決めなくてはいけない状況では、その選択肢の中で迷いがちです。そこでズバッと決めるしかない場合もありますが、そうでもないこともあるでしょう。

　たとえば、会社に勤務しているけれど、思い切ってフリーランスになるかどうかで迷っていたとします。「会社を辞めてフリーになる」「会社を辞めない」の２つの選択肢がある状態です。フリーランスになることを考えているなら、「雇用形態を案件ごとの契約にしてもらう」「会社員を続けながら、外部からの仕事を請け負うことを認めてもらう」という選択肢も考えられるでしょう。これで、２つだった選択肢が４つに増えたことになります。

　仕事が楽しくて、まだ結婚のことは考えていなかった矢先に、恋人から「結婚しよう」といわれ、OK するか

どうかで迷っていたとします。「イエス」と答えて結婚するか、「ノー」と答えて別れるかの二択を思い浮かべがちです。しかし、「イエス」だけれど今は「ノー」という答えもあるかもしれません。結婚についてのお互いの考え方を確認してみれば、思っていたほどに深刻な話ではないこともあるでしょう。

さらに、単純なことにたとえてみましょう。ランチのAセットとBセットで迷っていたとします。そのどちらも選ばずに、別のお店に行くのもいいでしょう。昼食を抜いて早めの夕食を豪華にするという選択肢もあります。

このように、2つの選択肢だけで決断せずに、別の選択肢も考えてみると、未来の可能性が広がっていきます。仮に、選びようのない選択肢ばかりが増えてしまったとしても、全部の選択肢を並べて考えることで、それなら「イエスで間違いない」という確信を持てるかもしれません。

視野を狭めずに、あらゆる可能性について考える作業のくり返しが、新しい考えをもたらし、そのことによって自身の内なる進化へと近づいていけるでしょう。
選択肢を考えるだけで、可能性が広がるのです。

選択肢は、選ぶときに出てくるものですが、選べない状況下でも、選択肢を広げることができれば、奇跡的な未来が見えてくることがあります。

　このまま失敗するしかない。あきらめるしかない。泣き寝入りするしかないといった、絶望的状況に陥って、窮地を乗り越えるようなときです。何も考えずに、目の前の絶望ばかりに意識を向けていると、最悪のケースを受け入れるだけになるでしょう。ここでも打開策を考え、選択肢を広げることが自らの道をひらくことになります。

「こうありたい」という未来への望みがあるなら、そうなるためにどうしたらいいかを最後まで考えて、可能性を広げていけるかどうか。それで人生が変わります。
「もうダメ」という状況でも、可能性を探すことが大切です。よくないことを想像するのに時間を費やすよりも、可能性を広げることに意識を向けていければ、どんなときでも前向きに未来に進んでいけるでしょう。

　可能性を広げるのも、すべてを葬ってしまうのも、当事者であるあなたなのです。

自分を持つということ

　自分の好きにしたい。自由にしたいと思っていても、それが実現した瞬間に迷いが生じることがあります。

　もう少し寝たいけれど起床するか、あと5分だけ眠るかという日常のことから、家を買うといった大きな出費に関わること、転職するか、結婚するかという人生の岐路に立つ瞬間までさまざまです。

　好きに選べるのはいいことですが、その内容しだいでは、自分ひとりで決めることが不安で、誰かに相談したり、まわりの人はどうしているかを気にしてしまったりすることがあります。それは、誰でも同じでしょう。

　それでも、やりたいことの実現のために、自らの決断で選んだ道を進んでいくしかないときもあります。誰もしていないこと、思いついてもいないことであれば、前例もなく、相談相手もいません。失敗のリスクを飲み込んで、前に進むかどうかを自分で選ぶしかないのです。

このようなとき、誰かに判断をゆだねてそれに従ってしまうと、たとえうまくいったとしても、あなた自身は何も成せないままになるでしょう。

　ここで忘れてはいけないのは、何もしないことを選ぶのも自分であるということです。
　断念することを選んだのも、目標を目指すことを選んだのも、すべては自分。それを認めなくては、自分を持つどころか、自分を放棄することになるでしょう。

　失敗した自分を認めずに、誰かのせいにしていたら、事を成し得たときの達成感も減り、成功の喜びも得にくくなります。自分で責任を持たずに人まかせにしていると、こうした結果が増えていくようになるのです。

　どんな決断であっても、自分で判断して自ら進んでいくこと。そうすれば、失敗しても後悔はなく、成功すれば、その喜びのすべてが自分の達成感と満足につながり、ひいては幸せになれるでしょう。

　人と比べて一喜一憂することは不毛です。人はそれぞれで、誰かと同じようにしたとしても、自分にとっても

喜ばしいとは限りません。人と調和するために、相手や場に合わせること、Ｔ・Ｐ・Ｏは大事でも、生き方や行ないまでを同じようにすることはないのです。

　いざというときにも、自分を見失わず、自分らしくあるためには、自らの考えが欠かせません。世間一般の常識や流行にただ合わせるだけではなく、「この件に関してはこういう意見を持っています」という、あなたの考えが必要です。それがあれば、人の言ったことをただ鵜呑みにすることも振り回されることもなくなります。

　選んだ結果が同じであっても、「どうしてそれを選んだか」は、人によって違うでしょう。このプロセスが、考えて選ぶための肝になります。

「わたしはこう考えて、こうしました」というのと、「人から言われてそうしました」というのは違います。結果としては同じでも、そこに自分があるかないか、自分を持っているかいないかが異なるのです。

　考えることで価値観を持てれば、自然と自己確立がなされ、本当の自分が見えてくるでしょう。

EPILOGUE

効率だけを考えていては、
生きる喜びさえ見失います。
ときには立ち止まって考えたり、
自由に思いを巡らせて気づきを得て、
あなた自身の人生の物語を紡ぎましょう。

生きることは、それだけで大変です。
生きているだけで立派です。

現代を生きる私たちは、今日一日を生き、再び明日を
迎えることはあたり前という感覚になります。

安全な住まいといつでも食べられる食事、万が一のと
きに駆け込める病院もあります。行きたいところにもす
ぐに移動でき、メッセージの送受信だけで人とのコミュ
ニケーションも成り立つ時代です。

ところが、そんなわたしたちは本当に恵まれた生き方
をしているでしょうか。

効率のよさを追求するあまりに、自らの時間を持てないままに人生を消費してしまう。時間をかけて愛を育む恋愛にすら生産性を求め、結婚後に不自由しない相手に出会い、恋の杞憂で時間を浪費したくないという声もたびたび耳にします。

　日々のルーティンに追われるうちに、何かを考えても意味がないように思えてきて考えることをやめてしまい、決まりきった日常で人生を消費するばかりになるのです。

　人生100年時代といわれる現代です。うっかりしていると、何の考えも持たないままに年を重ね、何も成長していなかったという可能性もあります。せっかくの利便性を実現した文明社会なのに、物理的な効率化だけでなく、精神面での効率化を求めてしまうのです。

　人が増えて規則が生まれ、それを守ることで共同体を営む人間は、自由であって自由ではないというパラドックスに陥ることもあるでしょう。しかし、誰も邪魔することのできないものが、個人の頭と心の中にあります。

ひとりきりになれる時間をつくり、今の自分と向き合うことが大切です。こうしたタイミングを持ちにくい人でも、トイレやお風呂、移動のときなどにチャンスがあるでしょう。わずかな時間でも心を落ち着けてみれば、いつもと違う感覚になれるのではないでしょうか。

　ふとした合間に思考を巡らせていると、アイデアが浮かびやすくなり、意外な気づきを得られるようになります。人の意見についても、ただ否定したり、賛同したりすることもなくなって、自らの考えを持てるようになります。

　それが自信につながって、まわりの目や他人の意見を必要以上に気にすることもなくなるでしょう。個性を生かせるようになって、自己肯定感が自然と生まれていくのです。

　考えることで、人それぞれの価値観を理解し、あなたの心に平穏と幸せが訪れますことを祈って。

LUA

大アルカナ

0 愚者	1 魔術師	2 女司祭	3 女帝
自由	創造力	精神性	愛
正）60 逆）40	正）36 逆）156	正）282 逆）130	正）152 逆）202
THE FOOL.	THE MAGICIAN.	THE HIGH PRIESTESS.	THE EMPRESS.

4 皇帝	5 司祭	6 恋人	7 戦車
社会	モラル	心地よさ	エネルギー
正）266 逆）316	正）288 逆）32	正）98 逆）52	正）318 逆）68
THE EMPEROR.	THE HIEROPHANT.	THE LOVERS.	THE CHARIOT.

8 力	9 隠者	10 運命の車輪	11 正義
本質的な力	探求	宿命	バランス
正）212 逆）270	正）62 逆）160	正）190 逆）226	正）132 逆）138
STRENGTH.	THE HERMIT.	WHEEL of FORTUNE.	JUSTICE.

12 吊るし人	13 死	14 節制	15 悪魔
制止	さだめ	反応	呪縛
正）122 逆）16	正）76 逆）176	正）216 逆）308	正）46 逆）272
THE HANGED MAN.	DEATH.	TEMPERANCE.	THE DEVIL.

16 塔	17 星	18 月	19 太陽
破壊	希望	神秘	喜び
正）142 逆）268	正）158 逆）44	正）254 逆）38	正）64 逆）86
THE TOWER.	THE STAR.	THE MOON.	THE SUN.

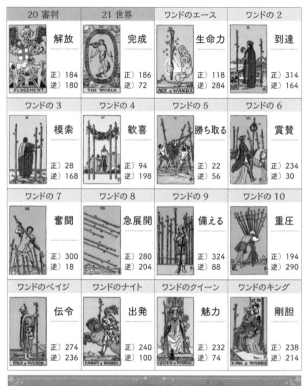

20 審判	21 世界	ワンドのエース	ワンドの2
解放 正）184 逆）180	完成 正）186 逆）72	生命力 正）118 逆）284	到達 正）314 逆）164
ワンドの3	**ワンドの4**	**ワンドの5**	**ワンドの6**
模索 正）28 逆）168	歓喜 正）94 逆）198	勝ち取る 正）22 逆）56	賞賛 正）234 逆）30
ワンドの7	**ワンドの8**	**ワンドの9**	**ワンドの10**
奮闘 正）300 逆）18	急展開 正）280 逆）204	備える 正）324 逆）88	重圧 正）194 逆）290
ワンドのペイジ	**ワンドのナイト**	**ワンドのクイーン**	**ワンドのキング**
伝令 正）274 逆）236	出発 正）240 逆）100	魅力 正）232 逆）74	剛胆 正）238 逆）214

小アルカナ ワンド

火を表わします。先を照らす松明（たいまつ）、情熱、やる気、闘志 ……
人間の衣食住、生命を支える重要なアイテムです。

小アルカナ ペンタクル

地を表わします。物やお金などの物質的なものだけでなく、五感で味わうすべてのもの。地位や権力も含まれます。

ペンタクルのエース	ペンタクルの2	ペンタクルの3	ペンタクルの4
実力 正）24 逆）206	柔軟性 正）146 逆）96	技術力 正）154 逆）286	所有欲 正）244 逆）136
ペンタクルの5	ペンタクルの6	ペンタクルの7	ペンタクルの8
困難 正）26 逆）104	関係性 正）70 逆）210	生長 正）310 逆）260	修行 正）108 逆）298
ペンタクルの9	ペンタクルの10		
達成 正）134 逆）82	継承 正）302 逆）172		
ペンタクルのペイジ	ペンタクルのナイト	ペンタクルのクイーン	ペンタクルのキング
真摯 正）54 逆）106	現実性 正）230 逆）150	寛容 正）170 逆）90	貢献 正）294 逆）188

小アルカナ ソード

風を表わします。知性や言葉も象徴し、会話やコミュニケーションに意味づけられ、人を傷つける精神的な刃物にも。

小アルカナ カップ

水を表わします。形を変えて浸透する水は豊かな感情を
意味し、愛情や心の迷い、芸術やイマジネーションにも。

カップのエース	カップの2	カップの3	カップの4
愛する力	相互理解	共感	倦怠
正）252	正）312	正）182	正）200
逆）80	逆）296	逆）114	逆）20

カップの5	カップの6	カップの7	カップの8
喪失	心の浄化	夢	変転
正）140	正）224	正）110	正）258
逆）66	逆）162	逆）78	逆）292

カップの9	カップの10		
願望	幸福		
正）242	正）250		
逆）144	逆）148		

カップのペイジ	カップのナイト	カップのクイーン	カップのキング
受容	理想	慈愛	寛大
正）304	正）116	正）112	正）42
逆）192	逆）124	逆）126	逆）248

自分で自分の運命をひらくタロットBook

著者　LUA（るあ）

発行者　押鐘太陽

発行所　株式会社三笠書房

〒102-0072 東京都千代田区飯田橋3-3-1
電話　03-5226-5734（営業部）03-5226-5731（編集部）
https://www.mikasashobo.co.jp

印刷　誠宏印刷

製本　ナショナル製本

龍神のすごい浄化術

SHINGO

龍神と仲良くなると、運気は爆上がり！ お金、仕事、人間関係……全部うまくいく龍神の浄化術を大公開 ◎目が覚めたらすぐ、布団の中で龍にお願い！ ◎考えすぎたときは、ドラゴンダンス！ ◎龍の置物や絵に手を合わせて感謝する……☆最強浄化パワー、龍のお守りカード付き！

数字のパワーで「いいこと」がたくさん起こる！

シウマ

テレビで話題の琉球風水志シウマが教える、スマホ、キャッシュカードなど身の回りにある番号を変えて大開運する方法！ ◎あの人がいつもツイてるのは「15」のおかげ？ ◎初対面でうまくいくには「17」の力を借りて……☆不思議なほど運がよくなる「球数」カードつき！

「運のいい人」は手放すのがうまい

大木ゆきの

こだわりを上手に手放してスパーンと開運していくコツを「宇宙におまかせナビゲーター」が伝授！ ◎心がときめいた瞬間、宇宙から幸運が流れ込む ◎思い切って動く」とエネルギーが好循環……心から楽しいことをするだけで、想像以上のミラクルがやってくる！